AF648227

JEAN MARZOLLO
WALTER WICK

ich sehe was …

Gruselige Bilderrätsel

KOSMOS

Für Nathan und Matt Goodell

W.W.

Für Luisa, Lily und Julia

J.M.

Unser besonderer Dank gilt Bruce Morozko, der mit künstlerischem und sachverständigem Rat bei der Gestaltung der Motive für »Tritt ein, wenn du dich traust!«, »Das magische Feuer«, »Die Bibliothek«, »Auf dem Friedhof« und »Der Zaubergarten« geholfen hat. Wir danken Dan Helt, Lee Hitt, Krista Borst, Maria McGowan, Rick Schwab, The Torrington Doll House und Linda Cheverton-Wick für ihre Geduld und ihren unermüdlichen Einsatz.
Ebenso geht unser Dank an Grace Maccarone, Bernette Ford, Edie Weinberg, Angela Biola und viele andere Mitarbeiter von Scholastic, sowie an Molly Friedrich von der Aaron Priest Agentur.

Die Übersetzung aus dem Amerikanischen entstand in Zusammenarbeit von Birgit Kohlhammer, Claudia Müller, Ina Pfitzer, Kathrin Schmidt, Martina Zierold.
Titel der Originalausgabe: I SPY SPOOKY NIGHT: A BOOK OF PICTURE RIDDLES
erschienen bei Scholastic Inc., New York unter ISBN 0-590-48137-1
Text Copyright © 1996 by Jean Marzollo
Fotografien Copyright © 1996 by Walter Wick. All rights reserved.
Published by arrangement with Scholastic Inc.
Gestaltung: Carol Devine Carson

Dieses Werk wurde vermittelt durch die literarische Agentur Thomas Schlück GmbH, 30827 Garbsen.

Unser gesamtes lieferbares Programm und viele weitere Informationen zu unseren Büchern, Spielen, Experimentierkästen, Autoren und Aktivitäten findest du unter **kosmos.de**

Gedruckt auf chlorfrei gebleichtem Papier

FSC
www.fsc.org
MIX
Papier aus verantwortungsvollen Quellen
FSC® C014138

3. Auflage, © 2021
Franckh-Kosmos Verlags-GmbH & Co. KG,
Pfizerstraße 5–7, 70184 Stuttgart
Alle Rechte vorbehalten
ISBN 978-3-440-17335-0
Redaktion: Ina Malonek, Martina Zierold
Produktion: Verena Schmynec
Umschlag, Satz und Reproduktion: Walter Typografie & Grafik GmbH, Würzburg
Druck und Bindung: Finidr, s.r.o., Český Těšín
Printed in Czech Republic / Imprimé en République Tchèque

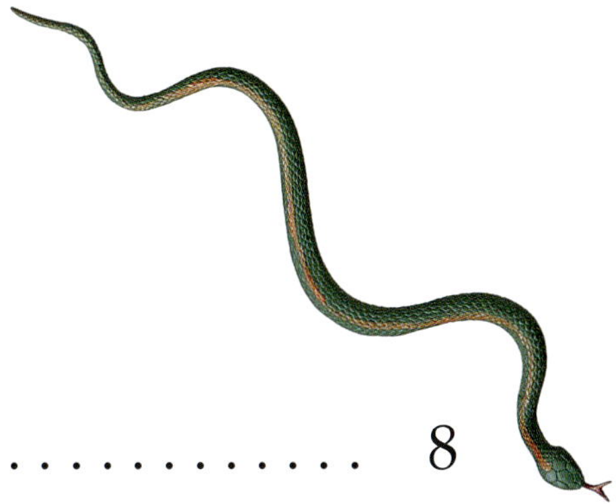

Inhalt

Viele geheimnisvolle Bilder
stecken in diesem Buch.

Lies die Rätselreime,
schau genau hin und such!

Ich sehe eine Eule, eine Lok und drei Noten,
Zwei Bälle, eine Muschel und ein Tier mit vier Pfoten.

Siehst du das Auge aus Stein, das Schwert und die Kette?
Nun sucht gemeinsam um die Wette.

Ich sehe vier Kürbisse, einen Hasen und eine Fledermaus,
Einen Schlüssel – und wer schaut da zum Fenster raus?

Auch ein Löffel und eine Schere haben sich versteckt,
Hast du schon die zwei Kegel entdeckt?

Ich sehe einen Schwan, vier Eulen und einen Bär.
Wer zaubert nun Katze und Eidechse her?

Löffel und Zollstock, doch wo ist der Kamm?
Siehst du die Spinne? Du bist jetzt dran!

Ich sehe zwölf Ameisen, eine Schlange und acht Hände,
Fünf Knöpfe und ein Saxophon zieren die Wände.

Ein Vogel fährt zur See, ein Frosch will hoch hinaus,
Wo sind Pinsel und Besen? Das findest du noch raus.

Ich sehe einen Frosch, einen Spiegel und eine Uhr,
Zu der geheimen Tür führt die weiße Schnur!

Findest du den Dino und die Zange vor dem Buch?
Eine Münze, drei Nägel – komm und such!

Ich sehe einen Fuchs, vier Spinnen und einen Bär,
Fünf Mäuse, fünf Schuhe – das ist gar nicht so schwer.

Siehst du drei Raben, den Frosch und die Trompete an der Wand,
Zwei Kerzen, einen Baum und ein Q ganz am Rand?

Ich sehe drei Fledermäuse, eine Landkarte und einen Hai,
Zwei Paddel und ein Hufeisen sind auch dabei.

Ein Hase, ein Kegel, ein zerbrochenes Ei –
Findest du die Schaufel, den Schlüssel und die Zahl 3?

Ich sehe drei Korken, einen Ritter, eine Zange,
Einen Reifen und ein Skelett – sei nur nicht bange!

Siehst du das Lineal, den Magneten, die Uhr?
Eine Maus, einen Wal – geh auf Entdeckungstour!

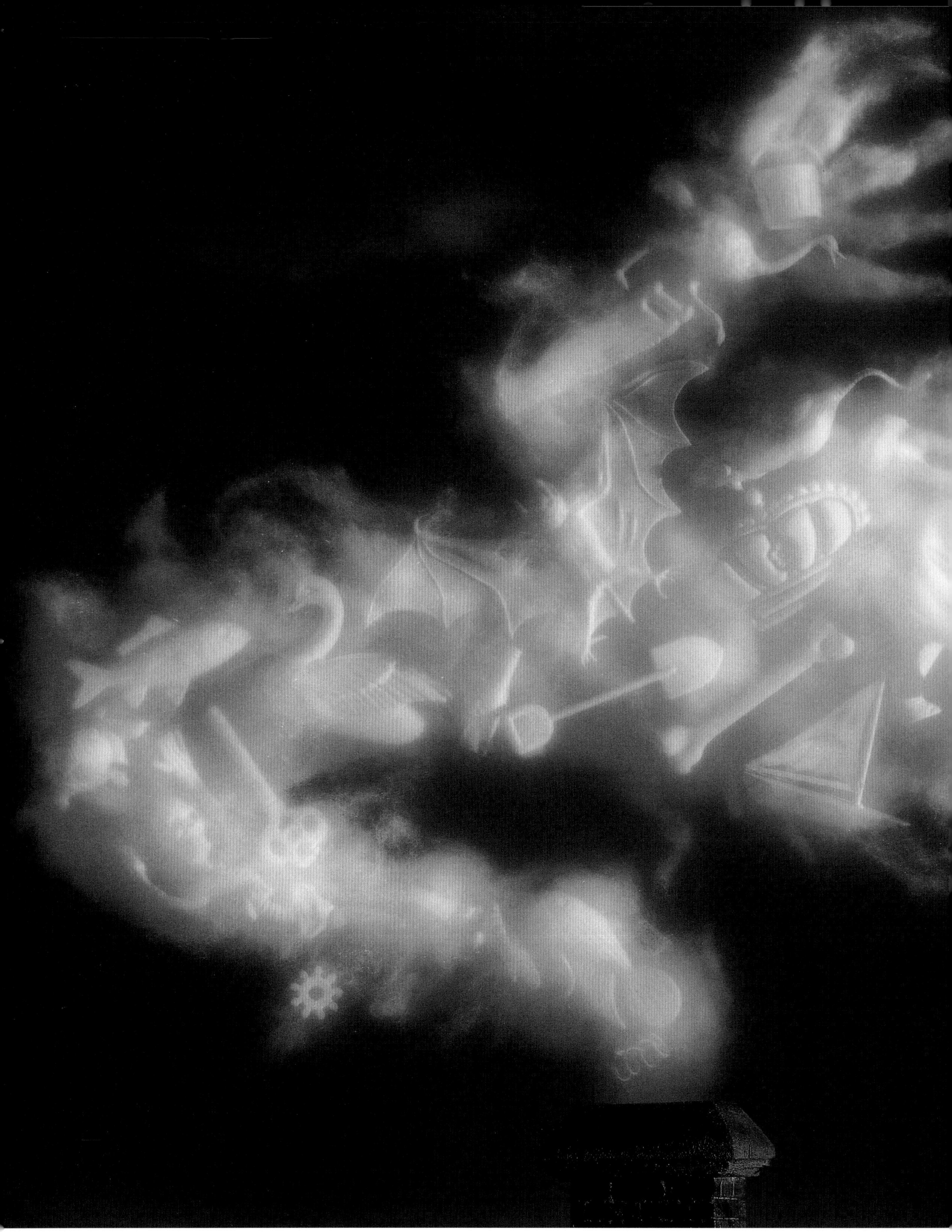

Ich sehe eine Leiter, eine Zange und einen Nagel,
Drei Fische, ein Geisterschiff und eine Gabel.

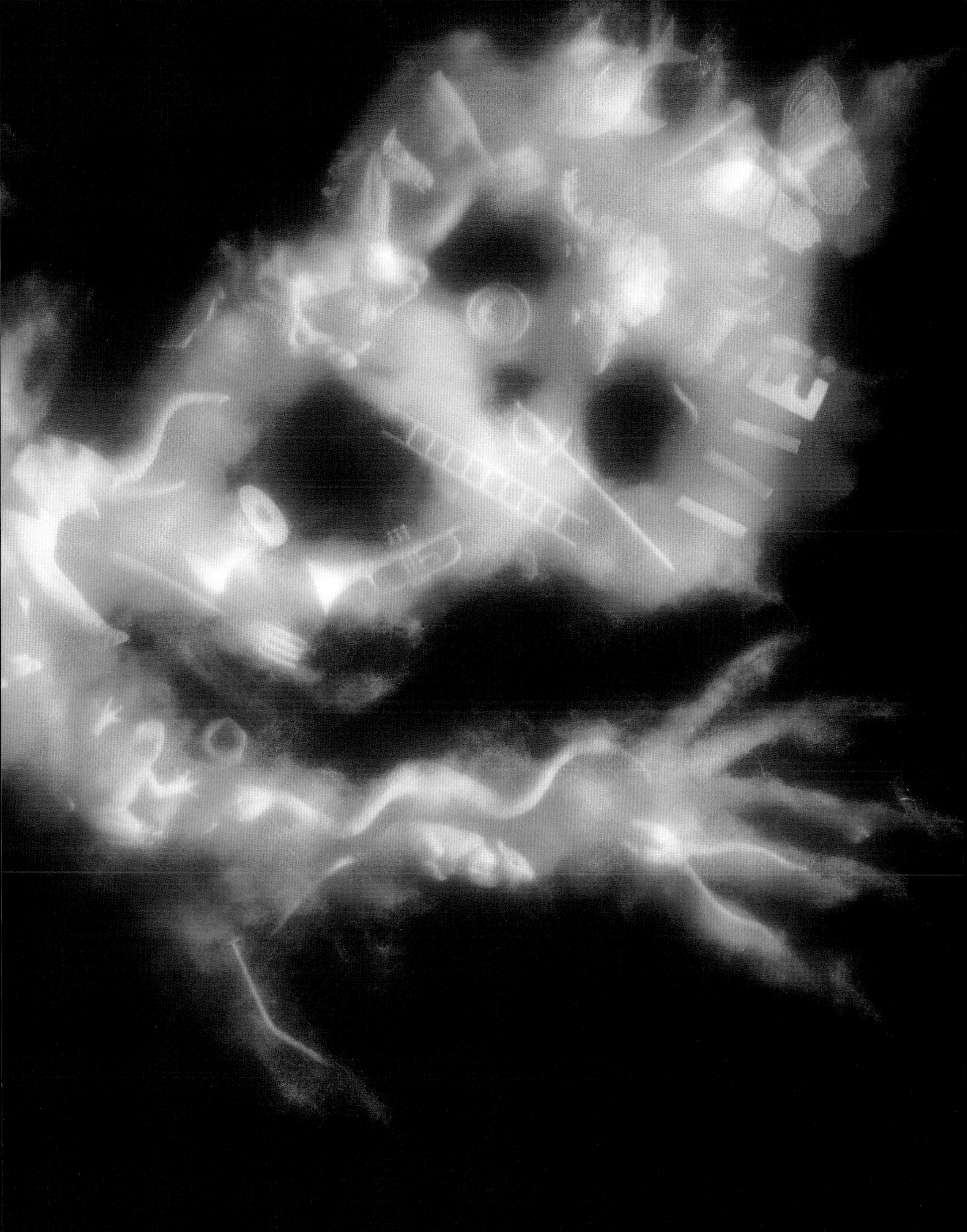

Wenn du Trompete, Schmetterling und Elefant erkennst,
Hast du bestimmt keine Angst mehr vor dem Gespenst!

Ich sehe eine Eule, eine Eidechse, eine Maus,
Eine Spinne, drei Schwäne, ein Schwein und ein Haus.

Siehst du das Messer, die Gabel und den Schuh?
Ein Rennauto und ein Stück Seil gehören auch dazu.

Ich sehe eine Rose, einen Sattel und sechs Hasen,
Einen Fächer, eine Möwe und einen Wagen zum Rasen.

Entdeckst du das Radio, den Pinsel und die Feder?
Auch die Windmühle findet bestimmt nicht jeder.

Ich sehe einen Löffel, einen Löwen, eine Münze, einen Ritter,
Einen Hammer, eine Spinne und ein schwarzes Gitter.

Wo sind denn der Schlüssel, die Katze, der Federball,
Die Ente und das Telefon – löst du den Fall?

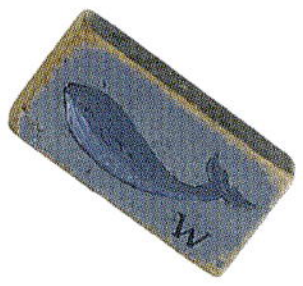

Und weiter geht's …

Mit seinen weißen Knochen versucht es dich zu erschrecken,
Das kleine … ist auf jeder Seite zu entdecken.

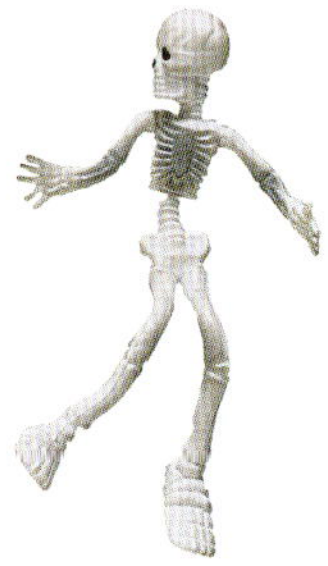

Für Superspürnasen: Wer findet die Bilder zu diesen Rätseln?

Ich sehe eine Libelle, einen Tintenfisch und einen Besen.
Kannst du die Zeichen im Spiegel lesen?

Ich sehe fünf Vögel und einen Kürbis, der lacht.
Gebe auf das Stinktier und die Sicherheitsnadel Acht!

Ich sehe eine Leiter, eine Vogelscheuche, ein Halbmondgesicht,
Ein Nudelholz, ein Lineal und eine Katze im Fenster mit Licht.

Ich sehe eine Möwe, ein Auto, einen Baseball, einen Stern.
Eine Zahnbürste und eine Wäscheklammer sind auch nicht fern.

Ich sehe einen Knopf, ein Pferd, einen Vogel Strauß.
Wo ist die Königskrone? – Das findest du raus.

Ich sehe einen Hasen und auf einer Kugel eine Zwei.
Nun zaubere zwei Fingerhüte und die Brille herbei.

Ich sehe eine Büroklammer, eine Garnrolle, eine Laterne,
Eine Maus und ein Skelett an der Wand, das lacht sehr gerne.

Ich sehe zwei Uhren, zwei Leitern, eine Windmühle,
Einen Zollstock, ein Paar Socken und fünf Stühle.

Ich sehe einen Schlüssel und einen Handschuh,
Die Zange und den Leiterwagen findest du im Nu.

Ich sehe zwei Schildkröten, ein Hufeisen, eine Schlange,
Einen Knochen und einen Grabstein – Wird dir nun bange?

Ich sehe eine Fliege, einen Kegel, eine Geige, ein Schwein,
Eine Schildkröte pendelt und ein Skelett schaut ins Zimmer rein.

Ich sehe zwei Sicherheitsnadeln, eine Fledermaus
Und einen Baseball, da schaut die Füllung raus.

Schreibe deine eigenen Gespenstergeschichten

Fallen dir noch mehr gruselige Geschichten zu den Bildern in diesem Buch ein?

Lass einfach deine Fantasie spielen. Es gibt nicht nur *eine* Geschichte – Also: sei kreativ!

Versuche doch einmal, die Geschichte aus vier verschiedenen Blickwinkeln zu erzählen: aus der Sicht einer Person, die durch das Geisterhaus geht; mit den Augen des kleinen Skelettes, des Hausbesitzers oder des Kindes, dem das Puppenhaus gehört.

Die Entstehungsgeschichte der »Gruseligen Bilderrätsel«

Jean Marzollo und Walter Wick bekommen von vielen Kindern immer wieder neue Vorschläge für *Ich sehe was …*-Themen. Am häufigsten wurden sie gefragt, ob es nicht eine gruselige Gespenstergeschichte geben könne. Also überlegten die beiden, wie ein solcher Band aussehen könnte. Es wäre das erste Buch in der Reihe, das eine richtige Geschichte erzählt. Und eine Geschichte braucht einen Helden. Aber wer sollte das sein? Hier kamen Jean Marzollo und Walter Wick zu dem Schluss, dass auch in den »Gruseligen Bilderrätseln« der Leser Protagonist sein müsse – wie in allen anderen Bänden übrigens auch. Der Leser sollte der eigentliche Held des Buches sein, der sich Seite für Seite der spannenden Herausforderung stellt, die Rätsel zu lösen. So wagt sich der Leser also in ein unheimliches Geisterhaus und wird von einem kleinen vorwitzigen Skelett von einem Zimmer ins nächste gelockt. Gespenstische Szenarien offenbaren sich – aber der mutige Leser-Held sucht ja die Herausforderung! Und während er eine Seite nach der anderen umblättert und die Rätsel löst, meistert er die Schrecken der Nacht. Mit dem Sonnenaufgang ist der Spuk dann endgültig vorbei. Aber natürlich nur so lange, bis der Leser die Geister wieder ruft – dann nämlich, wenn er das Buch gleich noch mal von vorne beginnt!

Wie die Bilder in diesem Buch entstanden

Walter Wick baute und fotografierte all die aufwändigen Motive für »Ich sehe was … Gruselige Bilderrätsel« in seinem Studio. Die Aufbauten sind unterschiedlich groß und ihre tatsächliche Dimension erschließt sich erst im Größenverhältnis zu den darin platzierten Gegenständen: einem Baseball, einem Zollstock, einer Kerze, einem Stift.
Für das Gespensterhaus baute Walter Wick ein viktorianisches Puppenhaus um. Er beleuchtete das Innere und malte einen dramatischen Himmel für den Hintergrund. Die Tore, die Zimmer und die Außenmotive sind aus Holz, Styropor, Stoff, Spielzeug, Trockeneis, Watte, Haushaltsgegenständen und Puppenmöbeln gemacht.

Der Geisterbaum auf dem Friedhof ist aus den Zweigen eines Blaubeerbusches gemacht, zu denen Walter Wick solange Äste hinzufügte, bis das dramatische Aussehen erreicht war, das er sich vorgestellt hatte.
Jeder fertige Aufbau wurde von Walter Wick genau ausgeleuchtet, damit die Schatten richtig fielen, die Bilder Tiefe bekamen und die gewünschte Stimmung wiedergaben. Nach dem Fotografieren wurden die Modelle wieder auseinander genommen.

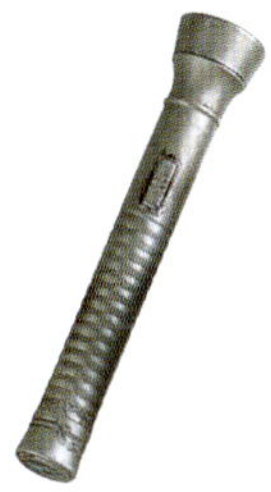

Wie die »Ich sehe was …«-Bücher gemacht werden

Jean Marzollo und Walter Wick erarbeiten gemeinsam die Ideen zu den »Ich sehe was …«-Büchern. Während die Aufbauten entstehen, besprechen sie, welche Objekte eingefügt werden sollen. Dabei hängt die Auswahl davon ab, welche Möglichkeiten sich für die Reime ergeben und welche ästhetische, spielerische und didaktische Qualität die Gegenstände haben.

Walter Wick ist der preisgekrönte Fotograf der „Ich sehe was …"-Reihe sowie Autor und Fotograf der Bestseller Reihe „Ich finde was …". Er hat Fotografien für Bücher, Zeitschriften und Zeitungen kreiert. Walter Wicks Fotografien wurden in vielen Museen in den USA ausgestellt. Er lebt mit seiner Frau Linda in Miami Beach, Florida.
Mehr Informationen zu Walter Wick findest du unter: www.walterwick.com.

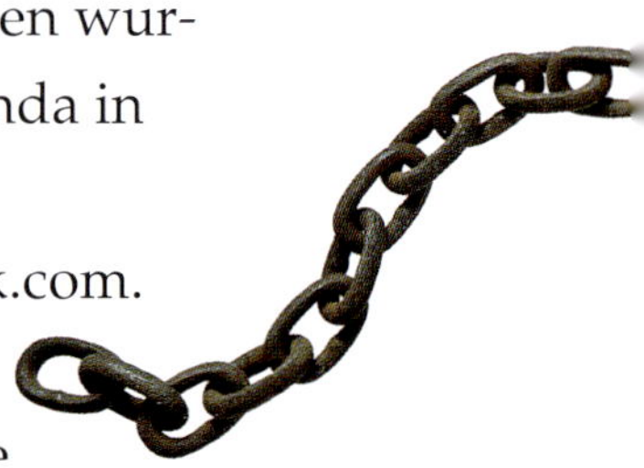

Jean Marzollo ist die Autorin von mehr als 100 Büchern, wozu auch die Bestseller-Reihe "Ich sehe was …" gehört. Sie schreibt nicht nur Kinderbücher, sondern auch Bücher für Eltern und Lehrer. Ihre Söhne Dan und Dave haben Jean Marzollo beim Schreiben einiger neuerer "Ich sehe was …"-Titel geholfen.

Carol Devine Carson hat die Gesamtgestaltung der "Ich sehe was..."-Reihe angelegt. Sie hat Cover für Bücher von John Updike, Joan Didion, Alice Munro und vielen anderen Autoren entworfen. 19 Jahre lang hat Carol Devine Carson zusammen mit Jean Marzollo eine amerikanische Kindergarten-Zeitschrift herausgebracht.

Ich **finde** was …

Spannende Suchbilder, die zu immer neuen Entdeckungen führen:
gezielt suchen, konzentriert schauen und garantiert finden!
Oder einfach den Blick schweifen und die Fantasie spielen lassen.
Ob zu Hause oder unterwegs, langweilig wird es
mit *Ich finde was …* bestimmt nie!

40 Seiten, €/D 12,99
ISBN 978-3-440-16105-0

40 Seiten, €/D 12,99
ISBN 978-3-440-16285-9

40 Seiten, €/D 12,99
ISBN 978-3-440-16368-9

kosmos.de

Preisänderungen vorbehalten

AF649036

ARTBOOK

AidaIro

MEIN SCHULGEIST HANAKO

2

封

封

封

封

封

封
封

封
交通

封

封

封

封

封

封

Juice
Juice
封

封

封

生徒会
生徒会

封

封
交通

GAMEPARK

封

立入禁止

封
交通

13

封

EINFÜHRUNG

Sag, hast du schon von ihnen gehört?
Von Kreuz, Karo, Herz und Pik,
den vier wundersamen Ländern einer Welt,
die direkt neben der unseren liegt?

Jedes der vier Länder strebt danach,
sich an die Spitze dieser Welt zu setzen.
Bis zu dem Tag, an dem sie die Weltherrschaft erringen,
sind sie einander Rivalen, Verbündete und Verräter.

So kämpfen sie gegeneinander,
heute, morgen und übermorgen.

Wird jemals der Tag kommen, an dem eines der Länder
die Welt in seinen Händen halten wird?

MEIN SCHULGEIST HANAKO

封

ACE
AKU SHONEN HANAKO KUN
N HANAKO KUN

JOKER
K
KING
Q
QUEEN
J
JACK
10
9
8
JOKER
K
KING
Q
QUEEN
J
JACK
10
9
8
JOKER
K
KING
Q
QUEEN
J
JACK
10
9
8
JOKER
K
KING
Q
QUEEN
J
JACK
10
9
8

KREUZ

Das freundliche, sanfte Land des Frühlings.
Dank seines ganzjährig milden Klimas lässt es sich dort gut leben. Es ist ein Königreich der Weisheit, dessen Einwohner es vorziehen, sich der wissenschaftlichen Forschung zu widmen, anstatt sich mit dem Kampf zu befassen. Im Herzen des Landes befindet sich das Königsschloss, das gleichzeitig als große Bibliothek fungiert. In dieser Bibliothek soll ein Buch versteckt sein, in dem sämtliche Dinge dieser Welt niedergeschrieben stehen.
Verbündeter des Landes Pik.

MITSUBA

Der Heulsusen-Prinz.
Er ist weise und besonnen, doch Konflikte liegen ihm nicht. Mehr noch, als sich im Schwertkampf zu üben, liebt er es, Bücher zu lesen. Er hat Schwierigkeiten im Umgang mit anderen, sehnt sich jedoch nach einem Freund.

KARO

Das strahlende Land des Sommers.
Es ist das geschäftigste der vier Länder und ein Königreich des Wohlstands, das von vielen Handelsvertretern aus den anderen Ländern besucht wird. Im Herzen des Basars, der ähnlich schwer zu durchdringen ist wie ein Labyrinth, befinden sich zahlreiche Geschäfte. Dort kann man alles Erdenkliche käuflich erwerben, solange man gut dafür bezahlt. Es heißt jedoch, dass es nur sehr wenige in den innersten Bereich schaffen.
Verbündeter des Landes Herz.

KOU

Der Prinz mit einem ausgeprägten Gerechtigkeitssinn.
Er ist gütig, ehrlich und tollkühn, für das Studium und die Kriegslist jedoch ungeeignet. Seine Persönlichkeit wird von den Menschen geschätzt, weswegen er auch in den anderen Ländern viele Freunde hat. Oft schleicht er sich heimlich aus dem Schloss, um Gesetzlose dingfest zu machen, und leistet so einen Beitrag zur öffentlichen Sicherheit.

HERZ

Das herzliche,
farbenprächtige Land des Herbstes.
Mit seinen frommen Bewohnern, die nach den Lehren Gottes leben, ist es das Königreich der liebevollen Gebete. Überall im Land wurden hübsche Tempel erbaut, und am Morgen wie am Abend erklingen wunderschöne Glocken. Man munkelt, dass irgendwo im Land der echte Gott lebt und den Bewohnern einen besonderen Schutz bietet.
Verbündeter des Landes Karo.

NENE

Die verträumte Prinzessin.
Wegen ihrer dicken Beine hat sie leichte Komplexe. Sie ist eine weltfremde Romantikerin, die von der Hochzeit mit einem Prinzen auf einem weißen Pferd und dem Weltfrieden träumt. Die Tradition des Landes verlangte, dass sie als Kind wie ein Prinz erzogen wurde.

Das üppig mit Schnee bedeckte Land des Winters.
Es ist ein stilles und kaltes Königreich des Todes, übersät mit Friedhöfen, so weit das Auge reicht. Seine Bewohner sind in der Kunst bewandert, die Toten zu kontrollieren, und das ganze Jahr über fällt aschgrauer Schnee. Aufgrund seiner unsterblichen Leichenarmee ist es das Land mit der größten Militärmacht. Im Knochenhaus unter dem Königsschloss soll es eine Verbindung zum Jenseits geben. Verborgen vor den Augen Gottes sollen dort Tote wieder zum Leben erweckt werden können.
Verbündeter des Landes Kreuz.

HANAKO

Der kaltherzige Prinz.
Er ist so unergründlich wie unbefangen, und strebt die Vergrößerung seines Landes an. Geboren wurde der Prinz als Zwilling, doch von seinem Bruder fehlte eines Tages jede Spur. Es geht das Gerücht um, dass der Prinz in Wirklichkeit kein Lebender sei, doch die Wahrheit bleibt ungewiss.

PIK

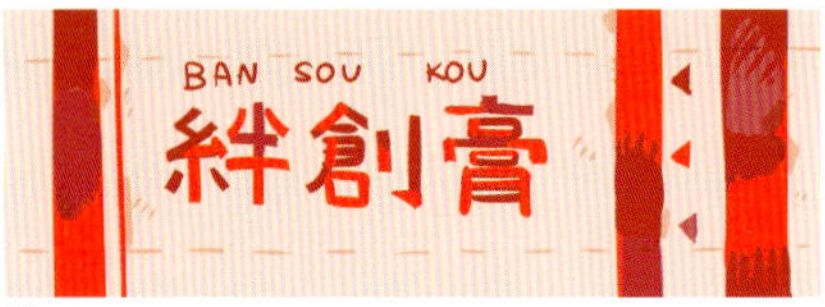

Pflaster

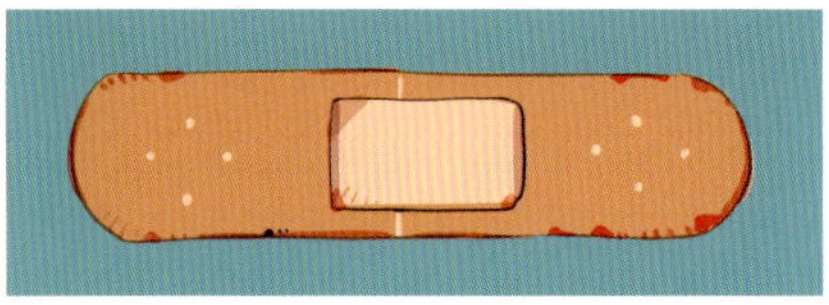

MEIN SCHULGEIST HANAKO SCHREIBWAREN-SET

GHOST MIDNIGHT LAND

GHOST MIDNIGHT LAND

KOU
·cherry spirit·

NENE
·cherry spirit·

HANAKO
spirit

封

JIBAKU SHONEN HANAKO KUN

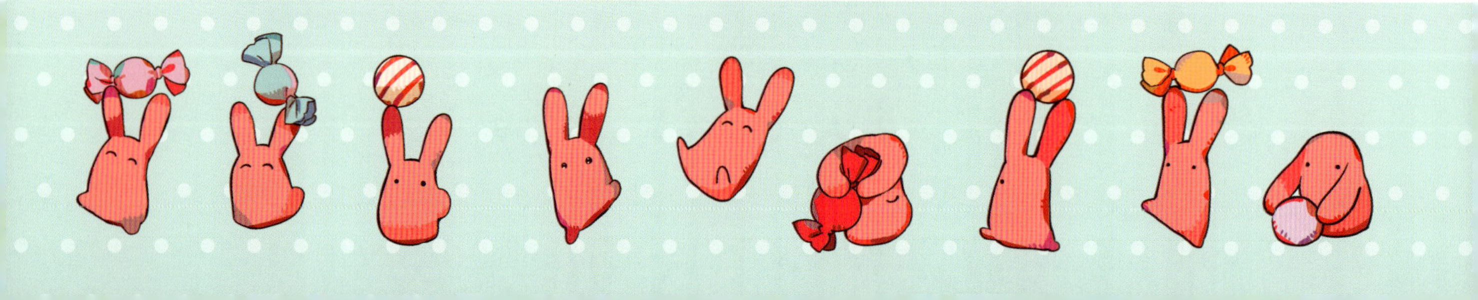

封
封

封
封

HANAKO
NENE
MITSUBA
KOU

出席簿
photo

交通
封
NENE

封

Vielen Dank für Ihren Einkauf bei Animate!

Vielen Dank für Ihren Einkauf bei Animate!

Vielen Dank für Ihren Einkauf bei Animate!

Ballettlehrerin
バレエ教師
コーラスガール
Chormädchen
支配人
テノール歌手
副支配人
バレリーナ
Direktor
Tenor
Ballerina
Zweiter
Direktor
トップ歌手
子爵＋俳優
rimadonna
Vicomte &
Schauspieler
ORCHESTRA
HANAKO of the Opera
GF 27th Anniversary

Kamome Monsterkinderhort

封

POFF
TAPS
TAPS
TAPS

生徒会*
*Schülervertretung
FPP
FPP
生徒会
生徒会
生徒会
DAS MACHE ICH NICHT.

生徒会
生徒会
生徒会
生徒会
生徒会

Die erste Folge vom Hanako-Anime wird bald ausgestrahlt!

Die zweite Folge vom Hanako-Anime wird bald ausgestrahlt!

Die dritte Folge vom Hanako-Anime wird bald ausgestrahlt!

Die vierte Folge vom Hanako-Anime wird bald ausgestrahlt!

Die fünfte Folge vom Hanako-Anime wird bald ausgestrahlt!

Die sechste Folge vom Hanako-Anime wird bald ausgestrahlt!

Die siebte Folge vom Hanako-Anime wird bald ausgestrahlt!

Die achte Folge vom Hanako-Anime wird bald ausgestrahlt!

Die neunte Folge vom Hanako-Anime wird bald ausgestrahlt!

Die zehnte Folge vom Hanako-Anime wird bald ausgestrahlt!

Die elfte Folge vom Hanako-Anime wird bald ausgestrahlt!

Die letzte Folge vom Hanako-Anime wird bald ausgestrahlt ...

HÜPF
HÜPF
WUNN
WUNN
WUNN

MEIN SCHULGEIST HANAKO 13
BONUSMANGA
OH.
ERZÄHL MAL, AOI
- MIT TERU -
DER SCHÖNSTE JUNGE UND DAS SCHÖNSTE MÄDCHEN DER AKADEMIE UNTERHALTEN SICH ...
WOOOOW, DIE SEHEN SO GUT ZUSAMMEN AUS!
WORÜBER SIE WOHL REDEN?
ES MUSS EIN GESPRÄCH VON FÜR UNS ...
... UNVORSTELLBARER ELEGANZ SEIN ...
WAHRSCHEINLICH.
UND, AOI? WAS IST DIR LIEBER, RECHTS ODER LINKS?
LINKS.
HAT NICHTS ZU TUN
EIN UNVORSTELLBAR BELANGLOSES GESPRÄCH.
IST JA 'N DING. ICH MAG RECHTS.
WIR BEIDE HABEN TOTAAAL UNTERSCHIEDLICHE VORLIEBEN, WAS?
VIELEN DANK FÜR IHREN EINKAUF BEI SANSEIDO!
あいだいろ
AIDAIRO

MEIN SCHULGEIST HANAKO 13
BONUSMANGA
DER ETAT FÜRS DIESJÄHRIGE CAMP ...
...
ERZÄHL MAL, AKANE
- DAS BÜCHERREGAL -
AKANE, WAS FÜR BÜCHER LIEST DU EIGENTLICH?
HÄ?
WARUM SOLLTE ICH DIR DAS SAGEN?
BITTE SEHR.
DAS IST MEIN BÜCHERREGAL.
↑FOTO
WOW.
DU LIEST JA ZIEMLICH VIEL.
VOM BILDERBUCH BIS HIN ZU ANSPRUCHSVOLLER LITERATUR.
BIST DU JEMAND, DER ALLES LIEST?
NEIN ...
DAS SIND ALLES BÜCHER ...
... IN DENEN DER NAME AOI VORKOMMT ...
WOW.
DAS IST GRUSELIG.
GUT. SPRECHEN WIR WEITER ÜBER DIE FINANZEN ...
IST ZUFRIEDEN.
WAS SOLLTE DAS DENN ...?
VIELEN DANK FÜR IHREN EINKAUF BEI SEIBUNKAN!
あいだいろ
AIDAIRO

LECKEREI DER FAMILIE MINAMOTO
MARONEN-CREME
IM GARTEN
HAB EINE!
500 G MARONEN
SCHÄLEN
KANN ICH HELFEN?
NICHTS DA!
MILCH
MILCH IN EINEN TOPF GEBEN UND ...
... DIE MARONEN DARIN WEICH KOCHEN
DIE GE-KOCHTEN MARONEN HERAUS-NEHMEN UND ...
... IN EINE SCHÜSSEL GEBEN
50 G BUTTER
SUGAR
120 G PUDER-ZUCKER
MIT DER KOCHMILCH VERMENGEN, BIS DIE GE-WÜNSCHTE KONSISTENZ ERREICHT IST
FERTIG!
VIELSEITIG VERWENDBARE MARONENCREME
MIT EINEM TARTE-BODEN, SAHNE UND DER MARONEN-CREME WIRD DARAUS EIN MONT BLANC.
MEIN SCHULGEIST HANAKO
14
VIELEN DANK FÜR IHREN EINKAUF BEI SEIBUNKAN!
あいだいろ
AIDAIRO

NENES & AOIS SPEZIALREZEPT FÜR ♡
KABOSU*-SIRUP
500 G KABOSU GRÜNDLICH WASCHEN
DIE SPITZE ABSCHNEIDEN
KANN ICH HELFEN?
NÖ.
IN 5 MM DICKE SCHEIBEN SCHNEIDEN
KERNE ENTFERNEN
SAUER!
DIE GLEICHE MENGE KANDIS-ZUCKER WIE KABO-SU BEREIT-STELLEN
MIT KABOSU UND KANDIS-ZUCKER SCHICHT-WEISE AUF-FÜLLEN
2 ESS-LÖFFEL ESSIG HIN-ZUGEBEN
AN EINEN KÜHLEN, DUNKLEN ORT STELLEN (AB UND ZU UMRÜHREN)
FERTIG!
IN DREI BIS FÜNF TAGEN IST ES GUT! ♪
MIT SPRUDEL-WASSER ODER HEISSEM WASSER WIRD DARAUS EIN LECKERES GE-TRÄNK!
* EINE ZITRUSFRUCHT
MEIN SCHULGEIST HANAKO
14
VIELEN DANK FÜR IHREN EINKAUF BEI SANSEIDO!
あいだいろ
AIDAIRO

Mein Schulgeist Hanako
Bonusmanga
15

Sing mal, Natsuhiko
- Die Komposition -

Vielen Dank für Ihren Einkauf bei Seibunkan!
あいだいろ
Aidairo

Mein Schulgeist Hanako
Bonusmanga
15

Erzähl mal, Nene
- Karaoke -

* Volkstümliche japanische Schlager

Vielen Dank für Ihren Einkauf bei Sanseido!
あいだいろ
Aidairo

MEIN SCHULGEIST HANAKO
BONUSMANGA
16
HÖ?!
MIT KATZE
- APPETITLICH -
TEUERSTE ... KATZEN STEHEN IRGENDWIE TOTAL AUF MICH.
TIERE ERKENNEN DAS ECHT, ODER?
WENN JEMAND NETT IST, EINEN GUTEN CHARAKTER HAT ...
AHA ...
DIE AURA?
SCHNÜFF
SCHNÜFF
WEIL DU SO APPETITLICH RIECHST!
HÄ?!
VIELEN DANK FÜR IHREN
EINKAUF BEI SEIBUNKAN!
あいだいろ
AIDAIRO

MEIN SCHULGEIST HANAKO
BONUSMANGA
16
KSSSS
UAAAH!
MIT KATZE
- INTELLIGENZ -
AUTSCH ...
SIE HASST MICH ...
FWPP
KATZEN SIND INTELLIGENT.
DA HAT WOHL JEMAND SPITZGEKRIEGT, WAS FÜR EINEN VERDORBENEN CHARAKTER DU HAST, WAAAAAAS?
AAAAAAH
HA HA HA HA!
AUTSCH!
HRAPP
AOI.
A... A... A... AOI.
DAS, WAS ICH EBEN GESAGT HABE, WAR NICHT SO ...
GEHT ES?
JA.
WIR DESINFIZIEREN DIE WUNDE.
OKAY.
AOI!!!!!.
VIELEN DANK FÜR IHREN
EINKAUF BEI SANSEIDO!
あいだいろ
AIDAIRO

ARTBOOK

AIDAIRO

2

MEIN SCHULGEIST HANAKO

INHALT

059 058

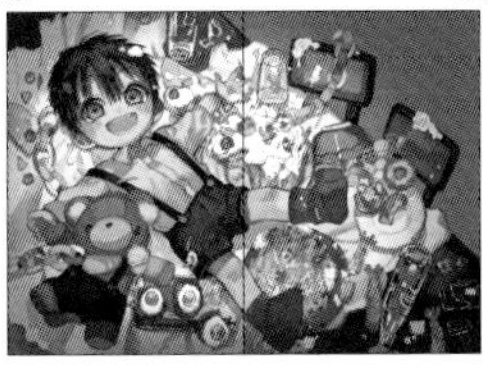

058-059
Monthly GFantasy, Juli 2021, Farbseiten im Anfangsteil

057 056

056-057
GFantasy Comics, Band 16, Umschlag

055 054

053 052

052-055
GFantasy Comics, Band 15, Illustrationen zur Ankündigung der Serie in der GFantasy

069 068

068-069
GFantasy Comics, Band 12, Umschlag (Sonderausgabe)

065 064

064-065
GFantasy Comics, Illustrationen zur Ankündigung des Verkaufsstarts

063 062

062 GFantasy Comics, Band 16, Illustrationen zur Ankündigung
063 GFantasy Comics, Band 15, Umschlag (Sonderausgabe)

061 060

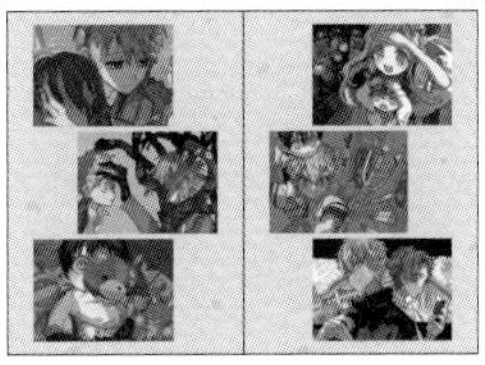

060-061
GFantasy Comics, Band 16, Illustrationen zur Ankündigung

077 076

076 Monthly GFantasy, August 2020, Extra, Spannender-Rummelplatz-Papercraft
077 Monthly GFantasy, April 2020, Extra, Sticker

075 074

074 Monthly GFantasy, Schreibwaren-Set für alle als Service
075 Monthly GFantasy, Oktober 2019, Extra, Mondforschungs☆poster fürs Bad

073 072

072-073
GFantasy Comics, Band 12, Kartenspiel der Sonderausgabe, Einführungsblatt

071 070

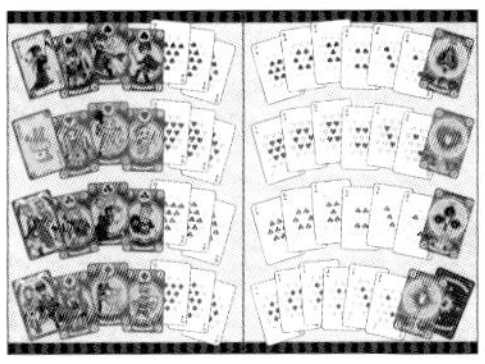

070-071
GFantasy Comics, Band 12, Kartenspiel der Sonderausgabe

085 084

084 GFC, Band 4, Band 5, Gewinner-Geschenk, Acryl-Schlüsselanhänger / GFC, Band 11, Acryl-Schlüsselanhänger nur bei Animate
085 GFC, Band 15, Sonderausgabe, Acryl-Schlüsselanhänger

083 082

082 Monthly GFantasy, Juli 2020, transparentes Lesezeichen
083 Monthly GFantasy, November 2016, Extra, Buchumschlag / November 2018, Extra, Gute-Laune-Sticker

081 080

080 GFantasy Comics, Band 12, Bonbon-Box nur bei Animate
081 Monthly GFantasy, März 2020, Extra, Türschild / Mai 2018, Klebeband

079 078

078 Monthly GFantasy, Ausweishülle für alle als Service
079 Monthly GFantasy, Juni 2020, Extra, transparente Anziehpuppen-Mappe

092

092
Illustrationen zur Ankündigung des Musicals

091 090

090-091
Monthly GFantasy, Duplikate signierter Shikishi für alle als Service

089 088

088 Einkaufszugaben für den Buchhandel
089 Illustration zur Buchankündigung

087 086

086-087
Einkaufszugaben für den Buchhandel

101 100

100-101
Illustrationen zur Ankündigung der TV-Serie

099 098

097

097-099
Kiss-Serie

096

096 Exklusive Zeichnung

095 094

094 Exklusive Zeichnung
095 Exklusive Zeichnung

109 108

107 106

106-109
Einkaufszugaben für den Buchhandel

105 104

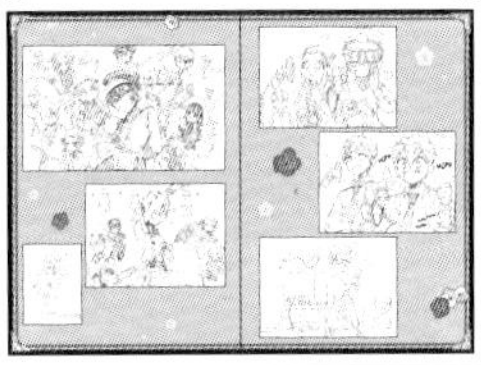

104 Illustrationen im Zusammenhang mit der TV-Serie
105 Illustrationen zur Ankündigung des Musicals

103 102

102-103
Illustrationen zur Ankündigung der TV-Serie

ARTBOOK

MEIN SCHULGEIST HANAKO

2

VON AIDAIRO

1. Auflage, 2022
Deutsche Ausgabe/German Edition
© Manga Cult, Ludwigsburg 2022

Aus dem Japanischen von Etsuko Tabuchi & Florian Weitschies

AIDAIRO ILLUSTRATIONS JIBAKU SHONEN HANAKO-KUN 2 © 2022 AidaIro/SQUARE ENIX CO., LTD.
First published in Japan in 2022 by SQUARE ENIX CO., LTD.
German translation rights arranged with SQUARE ENIX CO., LTD.
and Manga Cult through Tuttle-Mori Agency, Inc.
Translation © 2022 German edition by SQUARE ENIX CO., LTD.

Programmleitung: Alexandra Grimsehl
Redaktion & Lektorat: Denise Hedrich
Korrektorat: Alexandra Grimsehl
Layout und Lettering: Manga Cult
Druck: Hagemayer, Wien

Alle deutschen Rechte vorbehalten. Nachdruck, auch auszugsweise, verboten. Kein Teil dieses Werkes darf ohne schriftliche Genehmigung des Verlages in irgendeiner Form reproduziert oder unter Verwendung elektronischer Systeme verarbeitet, vervielfältigt oder verbreitet werden.

Print-ISBN: 978-3-96433-766-5

www.manga-cult.de | Oktober 2022